ALLOCUTION

PRONONCÉE

DANS L'ÉGLISE SAINTE-PERPÉTUE DE NIMES

le 15 Janvier 1878

PAR

M. L'ABBÉ HENRI CONSTANS

missionnaire

A L'OCCASION DU

MARIAGE

DE

M. Henri Allemand et de Mlle Marie Clavel

Monsieur & Mademoiselle,

L'action que vous allez faire est une action grave et sérieuse. Ce n'est pas en effet une simple union que vous désirez contracter, ce qui certes serait déjà beaucoup, mais c'est encore un Sacrement que vous demandez à recevoir.

Diverses dispositions sont requises pour en être dignes ; vous les possédez l'un et l'autre ; et la manière si chrétienne dont vous vous êtes préparés au mariage nous est un sûr garant des bénédictions que le Ciel répandra sur vous et qui vous aideront à remplir les devoirs de votre vie nouvelle.

Ils sont bien importants ces devoirs ! Elles sont bien grandes ces obligations ! Que de fois même il vous paraîtra difficile de les accomplir ! Toutefois, ne l'oubliez pas, ce n'est qu'en y étant fidèles que vous pourrez vous sauver. « Ce n'est pas celui qui dit : Seigneur, Seigneur, assure Jésus-Christ , qui entrera au Ciel , mais celui qui fait la volonté de mon Père (1) ».

Laissez-moi donc , Monsieur et Mademoiselle , vous répéter, sinon dans les mêmes termes, au moins dans le même ordre d'idées ce que je disais, il y a précisément aujourd'hui un mois, au fils et à la nièce d'un brave général (2) qui , agenouillés comme vous au pied de l'autel se disposaient à s'unir devant le Seigneur.

Vous aimerez Dieu d'abord ; vous l'aimerez de tout votre cœur, de toute votre âme, de tout votre esprit. C'est là, vous le savez, le premier des commandements (3). Vous pratiquerez sa loi, vous suivrez ses préceptes. « Car celui qui dit le connaître et ne garde pas ses commandements est un menteur et la vérité n'est pas en lui. Celui-là, au contraire, qui conserve sa parole possède en lui la charité parfaite de Dieu (4) ». « L'auteur du mal ne trouvera rien en vous qui soit de lui... votre vie sera toujours réglée... toujours pure , toujours irréprochable (5) ».

Vous vous aimerez ensuite l'un l'autre.

Jésus-Christ a tant aimé l'Eglise qu'il s'est sacrifié pour elle (6). A son exemple, Monsieur, vous affectionnerez celle que, si bien inspiré, vous vous êtes choisie pour

(1) Mathieu VII, 21.

(2) M. Frédéric d'Hugues, général de division, grand'croix de la Légion d'honneur, etc.

(3) Mathieu XXII, 37, 38.

(4) *Epist. Beati Joannis Apost.* II, 45.

(5) Prière de la bénédiction des Epoux.

(6) Ephésiens V, 25.

épouse. Vous l'affectionnerez autant et plus que vous-même. Vous la soutiendrez dans ses épreuves, vous la fortifierez dans ses découragements, vous la consolerez dans ses peines.

Tout lui sourit à cette heure. Le ciel est pur sur sa tête ; l'horizon n'a pas un seul nuage, et l'avenir se présente à elle sans doute comme une route qui n'a point de terme, et dont les fleurs qui l'embellissent ne doivent jamais se flétrir et tomber. Hélas ! quelque temps encore et peut-être, — que dis-je ? certainement, car quelle est la femme, même la mieux partagée, qui ne les connaît pas ? — les souffrances viendront et son cœur saignera et ses yeux pleureront. Oh ! alors, surtout alors, entourez-la, témoignez-lui un amour aussi profond que délicat, faites-lui trouver dans votre tendresse un soulagement à sa douleur, une consolation à sa tristesse. Que votre premier soin et votre unique pensée, après le soin et la pensée de servir Dieu, soient de la rendre heureuse, autant, du moins, qu'on peut l'être dans cette vallée de larmes.

Et vous, Mademoiselle, imitant en cela l'Eglise qui s'efforce d'être agréable à son époux, vous vous étudierez à contenter celui dont votre cœur, conduit par un sentiment qui ne l'a point trompé, a si volontiers accepté la main. Vous serez douce et prévenante, chaste et modeste, soumise et empressée à lui obéir (1). Ces vertus que, jeune fille, vous avez constamment pratiquées, ne cesseront pas, j'en suis sûr, de briller en vous. Leur parfum embaumera tous ceux qui vous approcheront, et votre

(1) Ephésiens v, 22.

mari, jouissant d'elles, ainsi qu'en ont joui jusqu'à présent vos bien-aimés parents, vous verra de plus « aussi aimable que Rachel, aussi sage que Rebecca, aussi fidèle que Sara (1) ».

Enfin, Monsieur et Mademoiselle, il est une dernière chose que je tiens à vous recommander. J'y tiens parce qu'elle a une importance majeure, et parce que de nos jours on en fait souvent peu de compte, quand on ne va pas jusqu'à la méconnaître entièrement.

On parle de tout aux enfants. On leur parle des honneurs, on leur parle de la gloire, on leur parle des richesses, on leur parle du plaisir, on leur parle de la vie, de la vie qui passe comme un nuage poussé par le vent ; et lorsqu'on recommande aux pères et aux mères de leur parler de Dieu, ils répondent presque tous : pour cela il sera toujours temps !

Qu'il n'en soit pas ainsi de vous. Si le glorieux fardeau de la paternité vous est imposé, Monsieur ; si, Mademoiselle, la belle mais pénible couronne de la maternité orne votre front, veillez à faire de ces petits êtres qui réjouiront votre foyer de vrais chrétiens. Montrez-leur dans leur enfance, pour me servir des charmantes expressions d'un poète, qui malheureusement, n'a pas su rester ce qu'il était alors.

Montrez-leur

    ..... La Bible et les belles images.
    Le ciel d'or, les saints bleus, les saintes à genoux,
    L'enfant Jésus, la crèche et le bœuf et les mages,

(1) Prière de la bénédiction des Epoux.

Faites-leur

> ..... Lire du doigt dans le milieu des pages
> Un peu de ce latin qui parle à Dieu de nous (1).

Puis à mesure que leur raison se développera expliquez-leur les mystères de notre sainte religion. Façonnez leur âme à la vertu. Formez leur cœur à l'amour du divin maître. Tenez leurs yeux élevés en haut ; indiquez-leur le but à atteindre, la couronne à mériter, le royaume à conquérir. Que cette parole de saint Paul revienne sans cesse dans vos entretiens : « Nous n'avons pas ici-bas de cité permanente ; nous en cherchons une future (1) ». Vos leçons et vos conseils appuyés sur vos exemples ne pourront avoir que de magnifiques résultats.

Voilà, Monsieur et Mademoiselle, la triple tâche qui va vous incomber : aimer Dieu et le servir fidèlement; vous aimer l'un l'autre malgré les différences de caractère qui existeront en vous ; élever sérieusement et chrétiennement vos enfants. Avais-je tort de vous dire en commençant que les devoirs de votre nouvelle existence étaient graves, importants, difficiles ? Mais confiance !

La grâce de Dieu s'est déjà reposée sur vous. Nous allons tous ensemble l'appeler avec plus d'abondance dans vos âmes. Le digne curé de cette paroisse, à l'obligeance duquel je dois la satisfaction de vous bénir, offrira le saint sacrifice à votre intention. Vos deux familles — dont je me dispense de faire l'éloge, pour ne pas paraître répondre par des compliments à l'honneur qu'elles m'ont procuré en m'invitant

(1) Hébreux xiii, 14.

à remplacer auprès de vous un vénéré prélat (1), — vos deux familles joindront leurs prières aux prières du prêtre. Vos nombreux amis qui se pressent avec tant de joie autour de vous uniront leurs supplications aux nôtres. De l'Algérie que ses occupations et la rigueur du temps l'ont empêché de quitter, le pieux évêque dont nous regrettons tous l'absence vous envoie sa meilleure bénédiction. Dans quelques jours, s'il plaît à Dieu, vous recevrez celle, plus précieuse encore, de l'auguste vieillard du Vatican. Courage donc. Approchez sans crainte. Jurez-vous entre mes mains amour et fidélité, et puissent ces vœux de l'Eglise se réaliser entièrement :

« Que le Dieu d'Abraham, le Dieu d'Isaac et le Dieu de Jacob soit avec vous, et qu'il répande en vous sa bénédiction, afin que vous voyiez les enfants de vos enfants jusqu'à la troisième et à la quatrième génération, et que vous possédiez ensuite la vie éternelle par la grâce de notre Seigneur Jésus-Christ qui, étant Dieu, vit et règne avec le Père et le Saint-Esprit dans tous les siècles des siècles (2) ».

Ainsi soit-il !

---

(1) Mgr Soubiranne évêque *in partibus* de Sébaste, coadjuteur de Mgr l'archevêque d'Alger.
(2) Prière de la bénédiction des Epoux.

TOAST

*porté pendant le repas de noces, par M. Edmond
Noguère, substitut du Procureur de la
République à Rodez, beau-frère de
M. Henri Allemand.*

Le monde a quelquefois de séduisants tableaux
Pour charmer notre vue ; mais, de tous, les plus beaux
Nous sont offerts, sur cette immense scène,
Par deux jeunes époux. Voyez : l'âme sereine,
Le bonheur sur le front, ils viennent, radieux,
De jurer devant Dieu de s'aimer tous les deux,
D'avoir la même vie, les mêmes espérances,
De mêler leurs plaisirs ainsi que leurs souffrances.
L'avenir leur sourit, tout pour eux est doré.
Que Dieu comble leurs vœux, change en réalité
Ces rêves enchanteurs que leur âme ravie
Caresse avec transport ; et si ma voix amie
Peut s'élever puissante aux pieds de l'Eternel,
Ils seront de ses dons comblés du haut du Ciel.
Je bois à leur santé ; je bois à l'alliance,
Etayée sur l'estime et sur la confiance,
Des familles par eux unies ; à leurs parents
Si heureux du bonheur de leurs tendres enfants ;
Je bois à la cohorte aussi gaie que brillante
Des amis dévoués que ce lieu nous présente ;
A l'aimable jeunesse, à son entrain joyeux,
Pourrai-je l'oublier quand ici, sous nos yeux,
Tressée de fleurs choisies s'étale sa couronne.
Enfin, plein du désir de n'oublier personne,
A la confrérie de tous les gens mariés
Non pas des repentants, mais bien des fortunés.

Nimes. — Typ. Clavel-Ballivet, rue Fradier, 12.

www.ingramcontent.com/pod-product-compliance
Lightning Source LLC
Chambersburg PA
CBHW061856080726
47597CB00010BA/4222